sekolah - sikolwa	2
perjalanan - kuhamba	5
transportasi - kwetfutsa	8
kota - lidolobha lelikhulu	10
pemandangan - libala	14
restauran - sitolo sekudla	17
supermarket - isuphamakethe	20
minuman - tinatfo	22
makanan - kudla	23
pertanian - lipulazi	27
rumah - indlu	31
ruang tamu - indzawo yamabonakudze	33
dapur - likhishi	35
kamar mandi - likamelo lekugezela	38
kamar anak - likamelo lemntfwana	42
pakaian - timphahla tekugcoka	44
kantor - lihhovisi	49
ekonomi - umnotfo	51
pekerjaan - tikhundla	53
alat - emathulusi	56
alat musik - insimbi yemculo	57
kebun binatang - i-zoo	59
olahraga - temidlalo	62
aktivitas - imisebenti	63
keluarga - umndeni	67
badan - umtimba	68
rumah sakit - sibhedlela	72
darurat - simo lesiphutfumako	76
bumi - Umhlaba	77
jam - liwashi	79
minggu - liviki	80
tahun - umnyaka	81
bentuk - kubumbeka kwetintfo	83
warna-warna - imibala	84
berlawanan - lokwehlukile	85
angka-angka - tinombolo	88
bahasa-bahasa - tilwimi	90
siapa / apa / begaimana - ngubani / ini / njani	91
dimana - kuphi	92

Impressum
Verlag: BABADADA GmbH, Nedderfeld 112 , 22529 Hamburg
Geschäftsführer / Verlagsleitung: Harald Hof
Druck: Books on Demand GmbH, In de Tarpen 42, 22848 Norderstedt

Imprint
Publisher: BABADADA GmbH, Nedderfeld 112 , 22529 Hamburg, Germany
Managing Director / Publishing direction: Harald Hof
Print: Books on Demand GmbH, In de Tarpen 42, 22848 Norderstedt

sekolah
sikolwa

- membagi / hlukanisa
- papan / libhodi
- ruang kelas / likilasi
- halaman sekolah / ligceke lesikolwa
- guru / thishela
- kertas / liphepha
- pena / ipeni
- meja kerja / lideski
- penggaris / i-ruler
- buku / incwadzi
- menulis / bhala
- murit / umuntfu

tas sekolah
sikhwama setincwadzi tesikolwa

tempat pensil
sikhwanyana semapenisela

pensil
ipenisela

pengasah pensil
umshini wekulolo ipenisela

penghapus
i-rubber

kertas gambar
intfo yekudvweba

gambar
umdvwebo

kuas
libhulashi lekupenda

kotak cat
libhokisi lekupenda

gunting
tikelo

lem
i-glue

buku latihan
incwadzi yekutadisha

pekerjaan rumah
umsebenti wasekhaya

angka
inombolo

tambhakan
hlanganisa

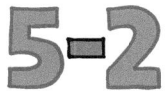

mengurangi
susa

mengalikan
phindzaphidza

menghitung
bala

huruf
incwadzi

alfabet
feleba

kata
ligama

sekolah - sikolwa

teks	membaca	kapur
umbhalo	fundza	ishogo

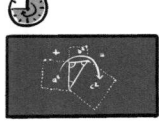 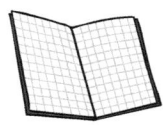 

pelajaran	daftar	ujian
sifundvo	i-register	sivivinyo sekugcina

sertifikat	seragam sekolah	pendidikan
sitifiketi	timphahla tesikolwa	imfundvo

ensiklopedi	universitas	mikroskop
i-ensaklopheda	inyuvesi	sipopolo

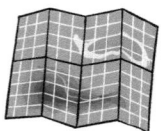 

peta	tempat sampah
libalave	libhakede lekulahla emaphepha

sekolah - sikolwa

perjalanan
kuhamba

hotel
lihhotela

hostel
lihhostela

kantor pertukaran mata uang
i-bureau de change

koper
sikhwama setimphahla

mobil
imoto

bahasa
lulwimi

ya / tidak
yebo / cha

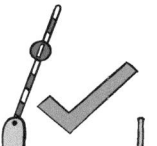

okay
Kulungile

hallo
sawubona

penerjemah
umhumushi

terima kasih
Siyabonga

perjalanan - kuhamba

Berapa harganya…?
ingumalini i….?

saya tidak mengerti
angivisisi kahle

masalah
inkinga

Selamat malam!
Lishonile!

Selamat siang!
Kusile!

Selamat tidur!
Ulale kahle!

sampai jumpa
sala kahle

arah
sicondziso

bagasi
umtfwalo

tas
sikhwama

ransel
sikhwama lesigacwako

tamu
sivakashi

ruang
likamelo

kantong tidur
sikhwama sekulala

tenda
lithende

perjalanan - kuhamba

informasi wisata

imininingwane yetivakashi

pantai

ibhishi

kartu kredit

likhadi lemali

sarapan

kudla kwasekuseni

makan siang

kudla kwasemini

makan malam

kudla kwantsambama

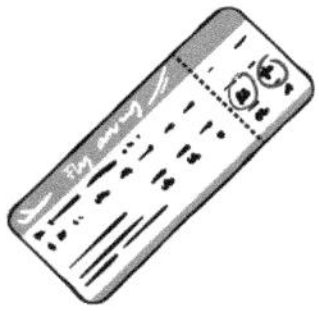

tiket

lithikithi

elevator

i-lift

perangko

sitembu

perbatasan

umcele

cukai

emakhasimende

kedutaan

i-embasi

visa

i-visa

paspor

ipasipoti

transportasi
kwetfutsa

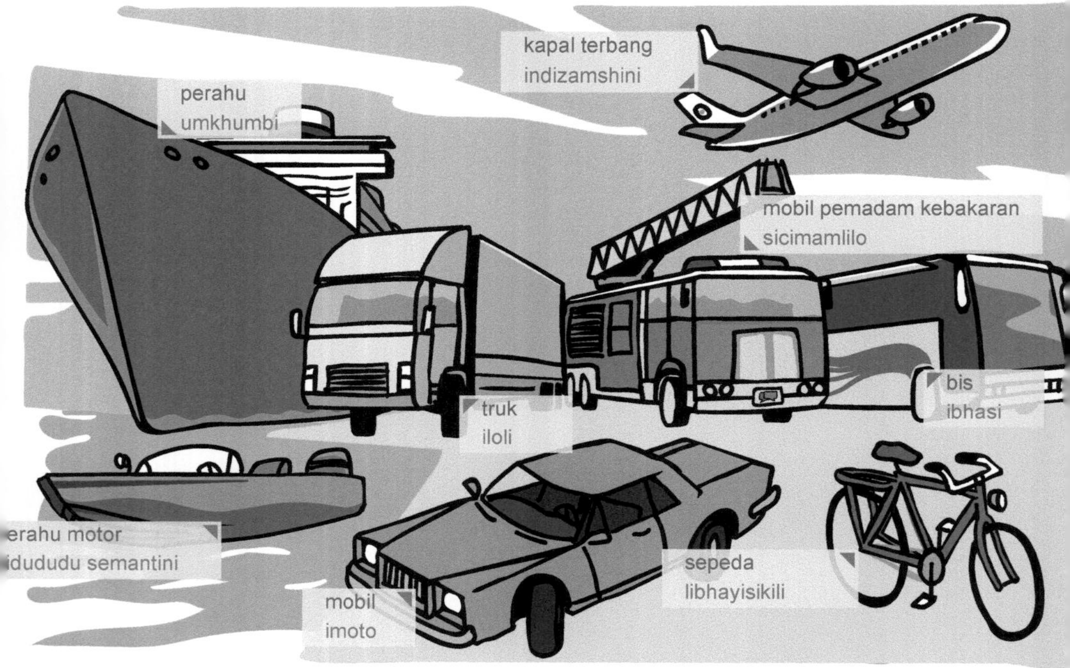

kapal terbang
indizamshini

perahu
umkhumbi

mobil pemadam kebakaran
sicimamlilo

bis
ibhasi

truk
iloli

perahu motor
idududu semantini

sepeda
libhayisikili

mobil
imoto

feri
i-ferry

perahu
sikebhe

sepeda motor
sidududu

mobil polisi
imoto yemaphoyisa

mobil balapan
imoto yemjaho

mobil sewa
imoto yekucashisa

berbagi mobil
kubolekana imoto

truk derek
i-breadown

truk sampah
iloli yetibi

motor
imoto

bahan bakar
phethiloli

bensin
ligalaji laphethiloli

tanda lalulintas
luphawu lwemgwaco

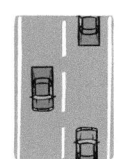

lalulintas
incumbi yetimoto

macet
incumbi yetimoto letime emngwacweni

parkir mobil
ipaki yemoto

stasiun kereta
siteshi sesitimela

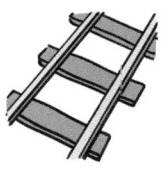

trek
imizila

kereta api
sitimela

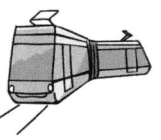

tram
i-tram

gerobak
inkalishi

transportasi - kwetfutsa

helikopter
indiza lenaphephela emhlane

bendara
sikhungo setindiza

menara
imoto yekudvonsa letibhajiwe

penumpang
bagibeli

container
intfo yekutfwala

karton
likhathoni

troli
i-cart

keranjang
bhasikidi

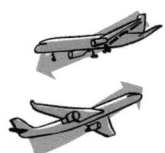
berangkat / mendarat
kusuka / kwehla

kota
lidolobha lelikhulu

desa
umuti

pusat kota
ekhatsi nelidolobha

rumah
indlu

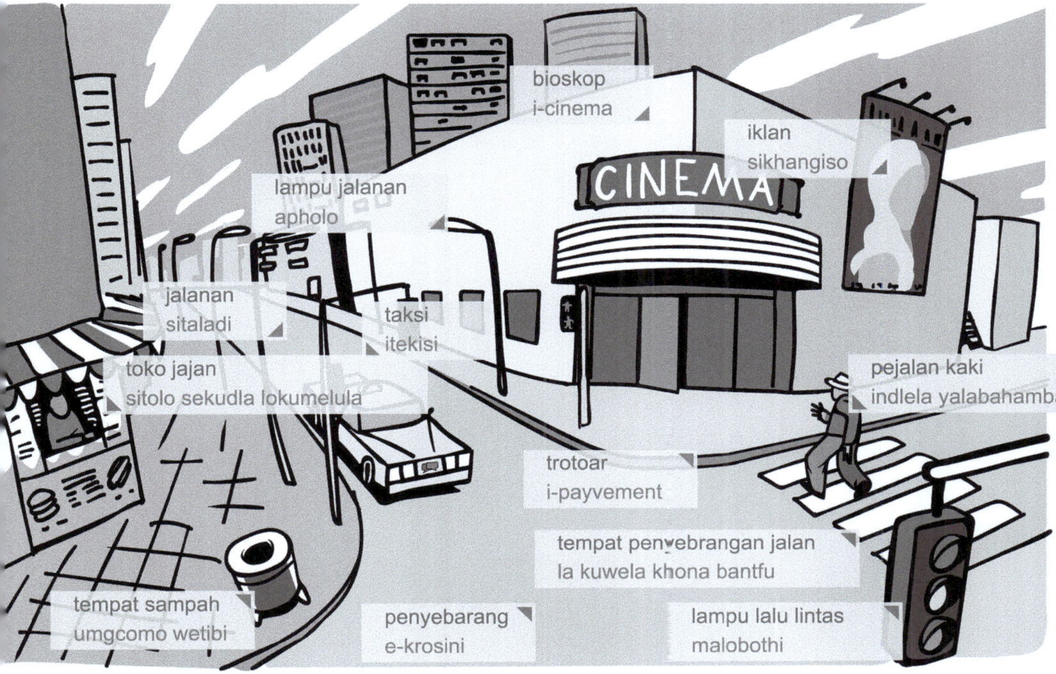

bioskop / i-cinema

iklan / sikhangiso

lampu jalanan / apholo

jalanan / sitaladi

taksi / itekisi

toko jajan / sitolo sekudla lokumelula

pejalan kaki / indlela yalabahamba

trotoar / i-payvement

tempat penyebrangan jalan / la kuwela khona bantfu

tempat sampah / umgcomo wetibi

penyebarang / e-krosini

lampu lalu lintas / malobothi

gubuk
gucasthandaze

rumah flat
lifulethi

stasiun kereta
siteshi sesitimela

balai kota
lihholwa lasedolobheni

museum
imnyusiyamu

sekolah
sikolwa

kota - lidolobha lelikhulu

universitas
inyuvesi

bank
libhange

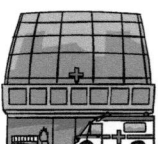
rumah sakit
sibhedlela

hotel
lihhotela

farmasi
ikhemisi

kantor
lihhovisi

toko buku
sitolo setincwadzi

toko
sitolo

toko bunga
lotsengisa timbali

supermarket
isuphamakethe

pasar
imakethe

toko serba ada
litiko letitolo

nelayan
batsengisi betimfishi

pusat belanja
luchungechuge lwetitolo

pelabuhan
sikhungo

kota - lidolobha lelikhulu

taman
lipaki

banku
libhentji

jembatan
libhuloho

tangga
titezi

kereta bawah tanah
ngephansi kwemhlaba

terowongan
umhume

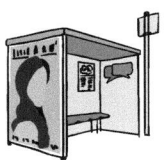
pemberhantian bis
siteshi sebhasi

bar
sitolo setjwala

restauran
sitolo sekudla

kotak surat
libhokisi leliposi

tanda jalan
luphawu lwemgwaco

meteran parkir
umshini lobala sikhatsi sekupaka

kebun binatang
i-zoo

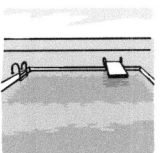
kolam renang
i-swimming pool

mesjid
lisontfo lemasulumane

kota - lidolobha lelikhulu

pertanian
lipulazi

polusi
kugcolisa umoya

kuburan
emathuna

gereja
lisontfo

tempat bermain
inkhundla yetemidlalo

pura
lithempeli

pemandangan
libala

- daun / licembe
- penunjuk arah / luphawu lwemgwaco
- jalanan / indlela
- padang rumput / umshiya
- batu / litje
- pohon / sihlahla
- pejalak kaki / lohamba indlela lendze ngetinyawo
- sungai / umfula
- rumput / tjani
- bunga / imbali

lembah
sihosha

bukit
ligcuma

danau
lidanyana

hutan
lihlatsi

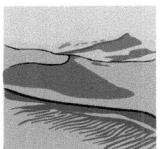
padang gurun
lihlane

gunung berapi
intsabamlilo

istana
umhlambi wetinkhomo

pelangi
umushi wenkhosatane

jamur
likhowa

pohon palem
sihlahla semphayini

nyamuk
imbuzulwane

lalat
kundiza

semut
intfutfwane

lebah
inyosi

laba-laba
sayobi

pemandangan - libala

kumbang
inkhubabulongo

kodok
sicoco

tupai
chakijane

landak
ingungumbane

kelinci
lolunye luhlobo lwalogwaja

burung hantu
sikhova

burung
inyoni

angsa
i-swan

babi jantan
ingulube yesiganga

rusa
inyamatane

rusa
i-moose

bendungan
lidamu

turbin angin
i-wind turbine

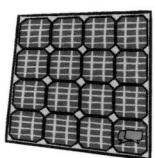
panel surya
i-solar panel

iklim
simo selitulu

pemandangan - libala

restauran
sitolo sekudla

pelayan — waiter

daftar makanan — luhla lwekudla

kursi — situlo

sup — lisobho

pizza — i-pizza

peralatan makan — tipuni imimese netimfologo

taplak — indvwangu yelitafula

hindangan pembuka

kudla lokusicalo

hidangan utama

kudla locinile

hidangan penutup

idizethi

minuman

tinatfo

makanan

kudla

botol

libhodlela

fastfood
kudla lokusheshako

masakan jalanan
kudla kwasemngwacweni

teko teh
ligedlela lelitiye

kaleng gula
indishi yashukela

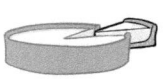
porsi
incenye

mesin espresso
umshini we-espresso

kursi tinggi
situlo lesiphakeme

tagihan
ibhili

baki
li-tray

pisau
umukhwa

garpu
imfologo

sendok
sipuni

sendok teh
sipuni lesincane

serbet
ithishu yetandla

gelas
ligilasi

restauran - sitolo sekudla

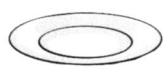

piring
lipuleti

piring sup
lipuleti lelisobho

lepek
lipringi

saus
i-sauce

tempat garam
libhodvo lasawoti

gilingan merica
i-pepper mill

cuka
niniga

minyak
emafutsa awoyela

bumbu
tipayisi

saus tomat
i-ketchup

mustar
i-mustard

mayones
mayonasi

restauran - sitolo sekudla

supermarket

isuphamakethe

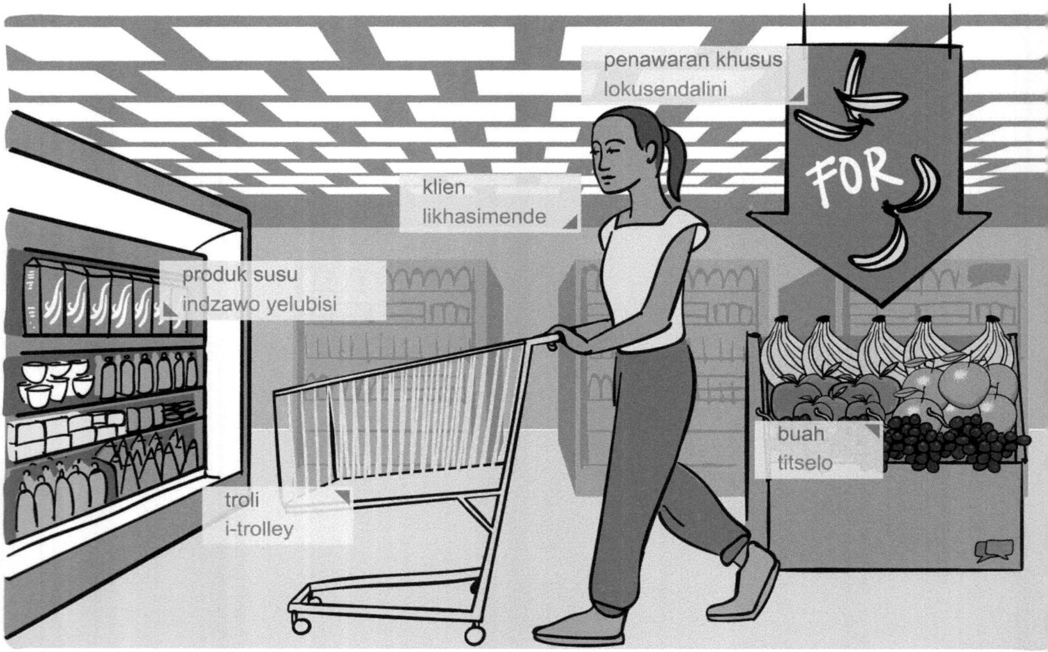

penawaran khusus
lokusendalini
FOR
klien
likhasimende
produk susu
indzawo yelubisi
buah
titselo
troli
i-trolley

BUTCHERS

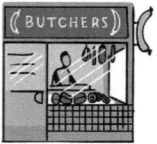

pembantai

ibhushari

BAKERY

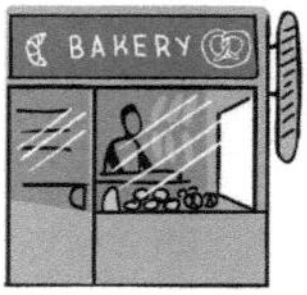

toko roti

i-baker

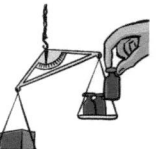

menimbang

kala

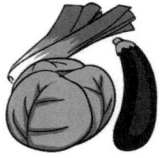

sayur

tibhidvo

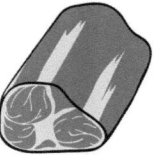

daging

inyama

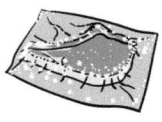

makanan beku

kudla lokucandzisiwe

pemotongan dingin
inyama lebandzako

makanan kaleng
kudla likusemathinini

sabun serbuk
insipho yekuwasha

permen
emaswidi

alat-alat rumah tangga
tintfo tasekhaya

obat pembersihan
imitsi yekukolobha

penjual
umuntfu lotsengisako

kasa
endzaweni yekubhadala

kasir
umtsengisi

daftar belanja
uhla lwetintfo tekutsengwa

jam buka
ema-awa ekuvula

dompet
sipatji

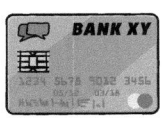

kartu kredit
likhadi lemali

tas
sikhwama

kantong plastik
sikhwama seshekhasi

supermarket - isuphamakethe

minuman
tinatfo

air
emanti

jus
ijuzi

susu
lubisi

cola
ikhokhi

anggur
liwani

bir
ibhiya

alkohol
tjwala

coklat
ikhokho

teh
litiye

kopi
likhofi

espresso
i-espresso

cappucino
i-cappuccino

makanan
kudla

pisang
bhanana

apel
lihhabhula

jeruk
liwolintji

semangka
melon

jeruk lemon
ilemoni

wortel
emavondlela

bawang putih
galiki

bambu
i-bamboo

bawang bombai
anyanisi

jamur
emakhowa

kacang
emantongomane

mi
ema-noodles

spagetti
sipageti

nasi
lilayisi

salat
isaladi

kentang goreng
emashibusi

kentang goreng
emazambane lafrayiwe

pizza
i-pizza

hamburger
i-burger

sandwich
isengwishi

sayatan
inyama lefulawe netimvitsi tesinkhwa

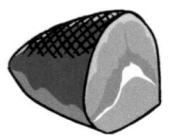

ham
i-ham

salami
isalami

sosis
livosi

ayam
inyama yenkhukhu

menggoreng
lokufrayiwe

ikan
imfishi

makanan - kudla

bubur gandum
i-oats

sereal
imusili

cornflakes
ema-cornflakes

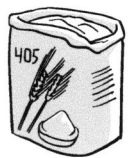

tepung
fulawa

croissant
ema-croissant

roti
sinkhwa

roti
sinkhwa

toast
linkhwa lesithosiwe

biskuit
emabhisikidi

mentega
bhotela

dadih
i-curd

kue
likhekhe

telur
emacandza

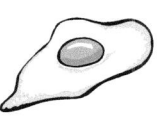

telur goreng
emacandza lafulayiwe

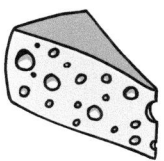

keju
ishizi

makanan - kudla

eskrim	gula	madu
i-ice cream	shukela	luju

selai	krim nugat	kare
jamu	shokolethi	ikheri

makanan - kudla

pertanian
lipulazi

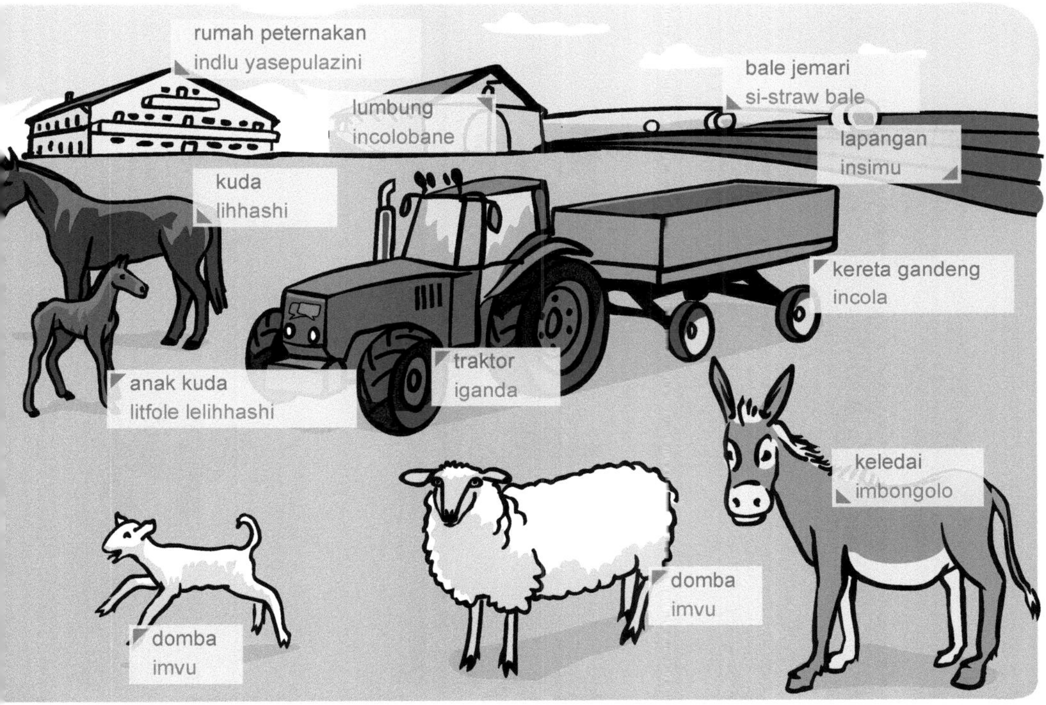

rumah peternakan
indlu yasepulazini

lumbung
incolobane

bale jemari
si-straw bale

lapangan
insimu

kuda
lihhashi

kereta gandeng
incola

anak kuda
litfole lelihhashi

traktor
iganda

keledai
imbongolo

domba
imvu

domba
imvu

kambing
imbuti

sapi
inkhomo

betis
litfole

babi
ingulube

celeng
ingulutjana

banteng
inkhunzi

angsa
lihansi

bebek
lidada

anak ayam
lintjwele

ayam
sikhukhukati

ayam jantan
lichudze

tikus
ligundvwane

kucing
likati

tikus
ligundvwane lelincane

lembu
inkhunzi

anjing
inja

rumah anjing
indlu yenja

selang
liphayiphi lemanti asengadzini

penyiram
libhakede lemanti

sabit
i-scythe

bajak
likhuba leganda

sabit
lisikela

cangkul
likhuba

garpu rumput
imfologo yetjani

kapak
lizembe

gerobak
libhala

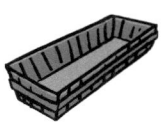
palung
litrofula

kaleng susu
iromkani

karung
lisaka

pagar
ifenisi

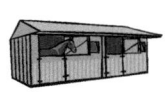
kandang
sitebele

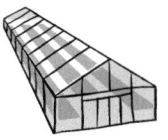
rumah kaca
indlu leluhlata

tanah
umhlabatsi

benih
imbewu

pupuk
sivundzisi

mesin pemanen
bavuni

pertanian - lipulazi

panen
vuna

panen
sivuno

yams
i-yams

gandum
likhula

kedelai
isoyi

kentang
lizambane

jagung
sibhuluja sembila

lobak
i-rapeseed

pohon buah
sihlahla setitselo

singkong
bhatata

sereal
ema-cereals

pertanian - lipulazi

rumah
indlu

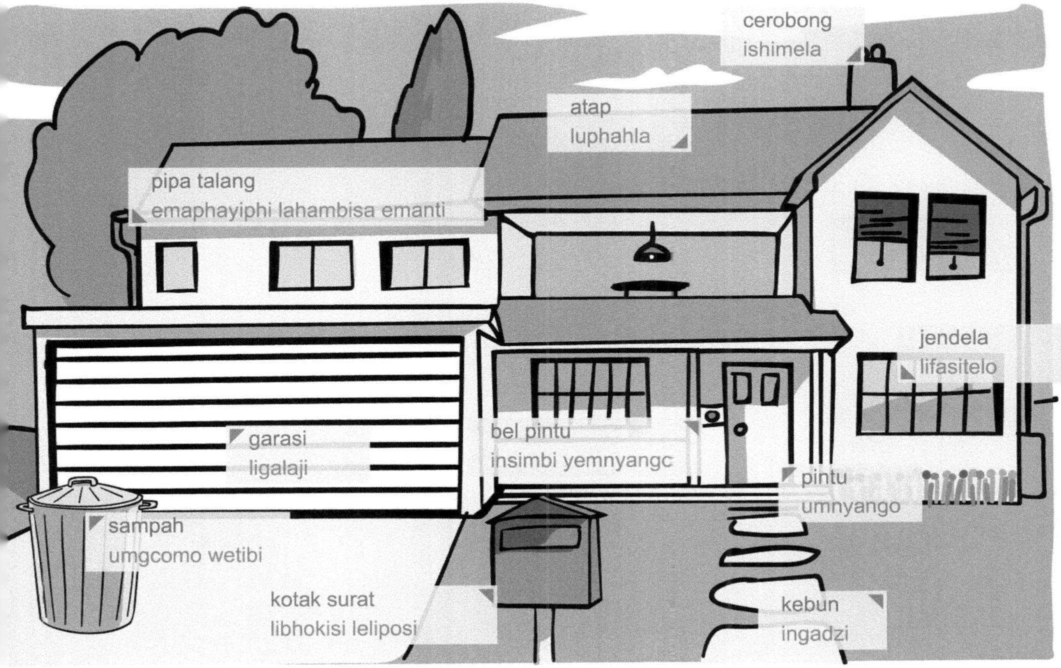

- cerobong / ishimela
- atap / luphahla
- pipa talang / emaphayiphi lahambisa emanti
- jendela / lifasitelo
- garasi / ligalaji
- bel pintu / insimbi yemnyangc
- pintu / umnyango
- sampah / umgcomo wetibi
- kotak surat / libhokisi leliposi
- kebun / ingadzi

ruang tamu
indzawo yamabonakudze

kamar mandi
likamelo lekugezela

dapur
likhishi

kamar tidur
likamelo

kamar anak
likamelo lemntfwana

kamar makan
ligumbu lekudlela

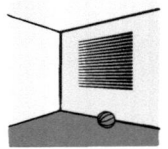

lantai
siyilo

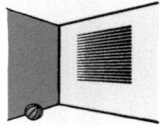

tembok
lubondza

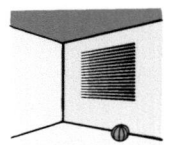

atap
isilingi

gudang di bawah tanah
i-cellar

sauna
i-sauna

balkon
umpheme

teras
libala

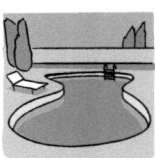

kolam renang
lidamu lekududa

mesin pemotong rumput
umshini wetjani

sprei
lishidi

selimut
ibhedspredi

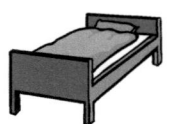

tempat tidur
umbhedze

sapu
umshanelo

ember
libhakede

tombol
iswishi

ruang tamu
indzawo yamabonakudze

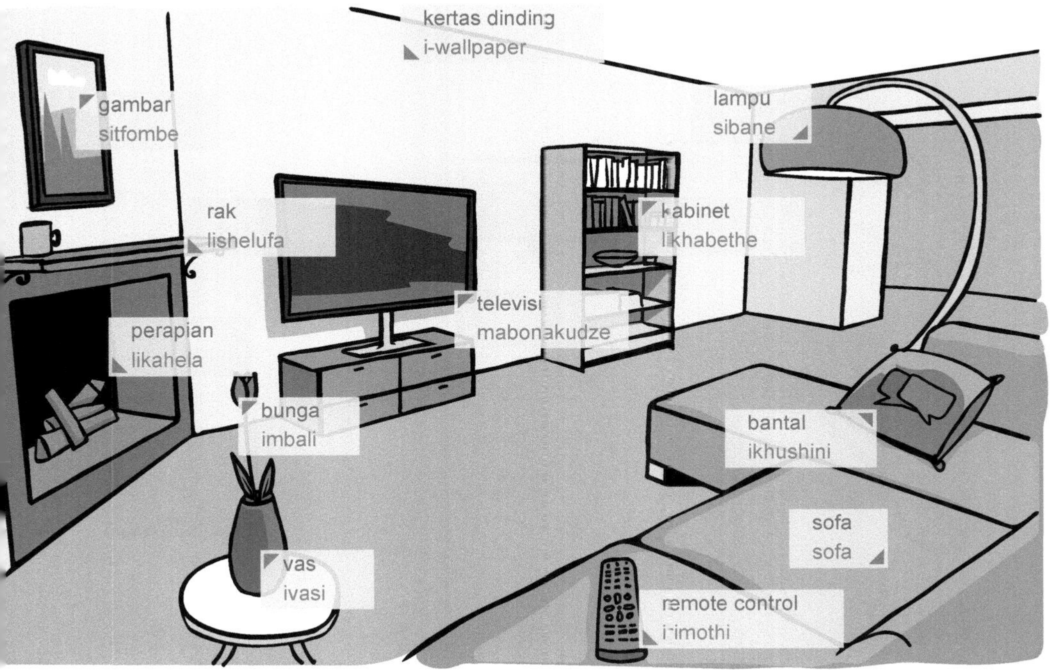

- kertas dinding / i-wallpaper
- gambar / sitfombe
- lampu / sibane
- rak / lishelufa
- kabinet / likhabethe
- perapian / likahela
- televisi / mabonakudze
- bunga / imbali
- bantal / ikhushini
- sofa / sofa
- vas / ivasi
- remote control / i-imothi

karpet
imadi yendlu

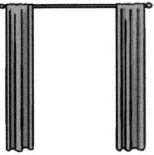

korden
likhetheni

meja
litafula

kursi
situlo

kursi goyang
situlo sangephandle

kursi malas
situlosemikhono

buku incwadzi	selimut ingubo	dekorasi umhlobiso

kayu bakar tinkhuni tekubasa	filem lifilimu	hi-fi igumbagumba

kunci tikhiya	koran liphephandzaba	lukisan pende

poster likhadi laselubondzeni	radio iwayilensi	buku tulis kwekutsa emaphuzu

penyedot debu i-hoover	kaktus sitjalo lokutsiwa yi-cactus	lilin likhandlela

ruang tamu - indzawo yamabonakudze

dapur
likhishi

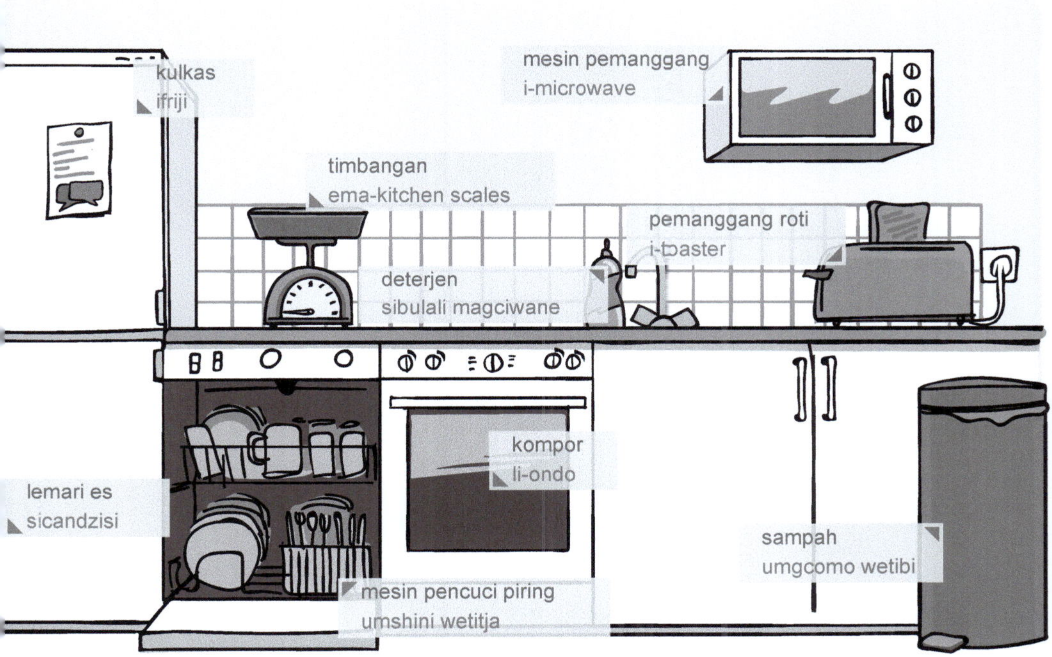

kulkas / ifriji

mesin pemanggang / i-microwave

timbangan / ema-kitchen scales

deterjen / sibulali magciwane

pemanggang roti / i-toaster

kompor / li-ondo

lemari es / sicandzisi

sampah / umgcomo wetibi

mesin pencuci piring / umshini wetitja

kompor
umpheki

panci
libhodvo

panci besi
i-cast-iron pot

wajan
i-wok / kadai

panci
lipani

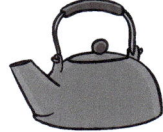

pemanas air
ligedlela

dapur - likhishi

	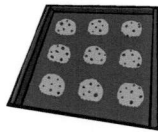	
panci pengukus makanan i-steamer	nampan lipani lekubhaka	piring i-crockery

cangkir imagi	mangkok indishi	sumpit tindvukwana tekujuba

sendok sup i-landle	sudip si-spatula	mengocok i-whisk

saringan i-strainer	saringan i-sieve	parutan i-grater

mortir i-mortar	barbeque i-barbecue	api terbuka umlilo lovulekile

dapur - likhishi

papan memotong
libhodi lekujuba kudla

gilingan
i-rolling pin

alat pembuka botol
i-corkscrew

kaleng
likani

pembuka kaleng
lithulusi lekuvala likani

pegangan panci
intfo yekubeka emabhodvo

wastafel
izinki

sikat
libhulashi

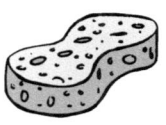
busa
sipontji

mesin pencampur
i-blender

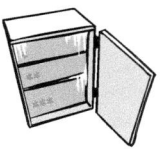
lemari es
i-deep freezer

botol bayi
libhodlela lemntfwana

keran
impompi

dapur - likhishi

kamar mandi
likamelo lekugezela

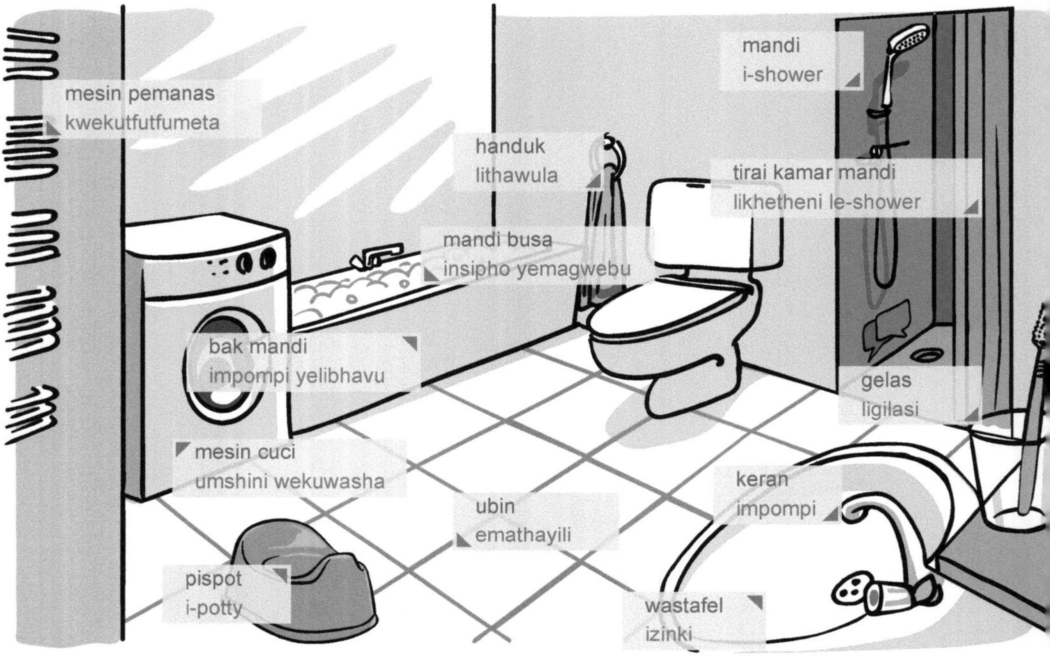

mesin pemanas
kwekutfutfumeta

mandi
i-shower

handuk
lithawula

tirai kamar mandi
likhetheni le-shower

mandi busa
insipho yemagwebu

bak mandi
impompi yelibhavu

gelas
ligilasi

mesin cuci
umshini wekuwasha

keran
impompi

ubin
emathayili

pispot
i-potty

wastafel
izinki

toilet
umthoyi

toilet jongkok
libhodvo lemthoyi

bidet
i-bidet

pissoir
umnchamo

kertas toilet
ithishu

sikat toilet
libhulashi lemthoyi

sikat gigi
libhulashi lematinyo

pasta gigi
insipho yematinyo

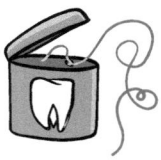
benang gigi
intsambo yekuhlanta ematinyo

menyuci
washa

pancuran tangan
liphayiphu le-shower lelibanjwa ngetandla

pancuran
i-douche

bak
i-basin

sikat punggung
libhulashi lemgogodla

sabun
insipho lecinile

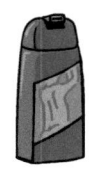
gel mandi
i-gel ye-shower

sampo
insipho yemagwebu

planel
i-flannel

kuras
kwekuhambisa emanti

krim
i-cream

deodoran
emakha emakhwapha

kamar mandi - likamelo lekugezela

kaca
sibuko

cermin tangan
sibuko lesincane

pisau cukur
i-razor

busa cukur
emagwebu ekushefa

aftershave
kwegcobisa ngemuva kwekushefa

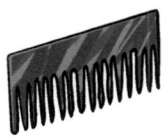

sisir
i-comb

sikat
libhulashi

alat pengering rambut
kwekomisa tinwele

semprot rambut
kwekufutsa tinwele

makeup
kwekutimomonya

lipstik
i-lipstick

cat kuku
pende wetingalo

kapas
i-cotton wool

gunting kuku
sikelo setingalo

minyak wangi
emakha

kamar mandi - likamelo lekugezela

kantong pencuci
khwama setintfo tekugeza

bangku
situlo

timbangan
sikali sesisindvo

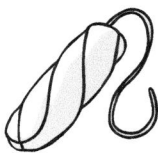

mantel mandi
kwekugcoka nawugeza

sarung tangan karet
emagilavu e-rubber

tampon
i-tampon

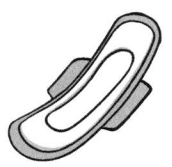

handuk pembalut
lithawula lekuhlanta

toilet kimia
imitsi yekukolobha umthoyi

kamar mandi - likamelo lekugezela

kamar anak
likamelo lemntfwana

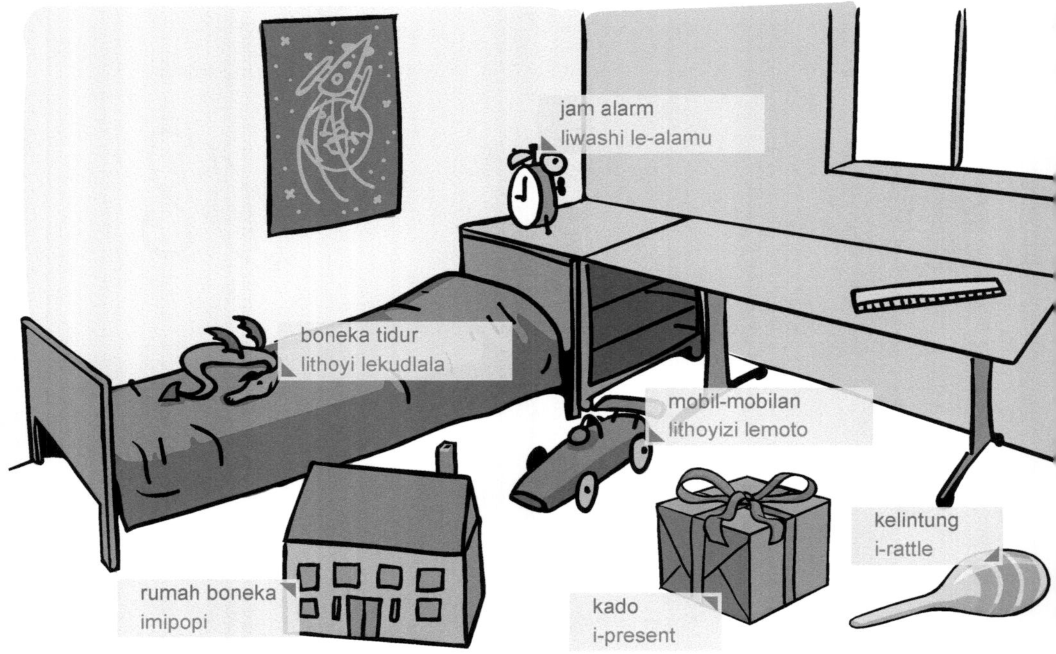

jam alarm
liwashi le-alamu
boneka tidur
lithoyi lekudlala
mobil-mobilan
lithoyizi lemoto
kelintung
i-rattle
rumah boneka
imipopi
kado
i-present

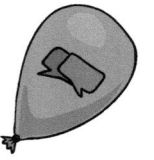

balon

ibhaluni

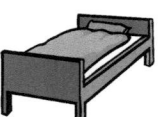

tempat tidur

umbhedze

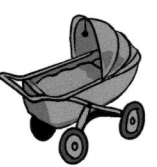

kereta bayi

ipram

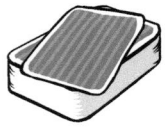

mainan kartu

emakhadi ekudlala

teka-teki

i-jigsaw

SUPER
MEGA

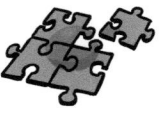

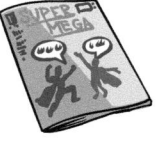

komik

i-comic

mainan lego
emabloko e-lego

blok mainan
emabloko ekwa‹ha

figur aksi
i-actionfigure

baju monyet
kukhula kwemntfwana

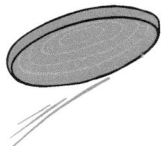

frisbee
i-frisbee

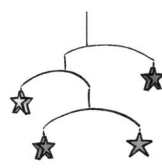

mobile
i-mobile

permainan papan
ibhodi yemdlalo

dadu
lidayisi

set model kreta api
isethi yemathoyizi etitimela

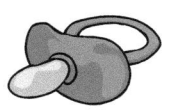

dot
i-dummy

pesta
i-party

buku gambar
incwadzi yetitfombe

bola
ibhola

boneka
nodoli

bermain
dlala

kamar anak - likamelo lemnt‑wana

tempat main pasir

umgodzi wemhlabatsi

ayunan

umjikeli

mainan

emathoyizi

video game konsol

umshini wemdlalo wema-video

sepeda roda tiga

masondvontsatfu

teddy

umdoli welibhele

lemari pakaian

ihhodrobhu

pakaian
timphahla tekugcoka

kaos kaki

emakawosi

kaos kaki

ema-stockings

baju ketat

umtjopi

syal
sikafu

payung
sambulelo

kaos
tikibha

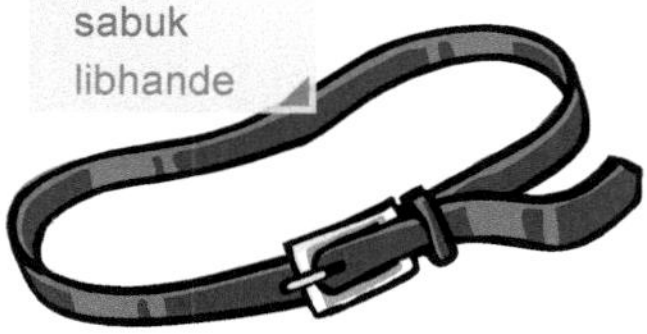

sabuk
libhande

sepatu
timphahla tekujima

sepatu bot
emabhudzi

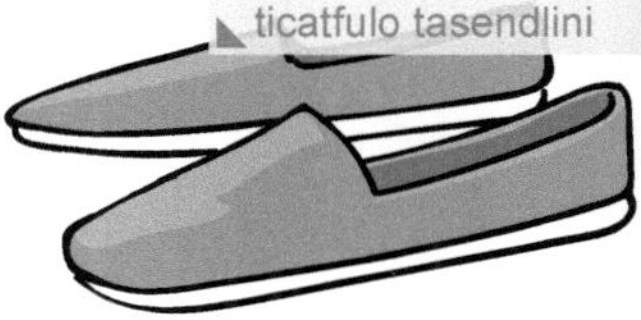

sandal
ticatfulo tasendlini

sandal
tincabule

sepatu
ticatfulo

sepatu bot karet
emabhudzi emvula

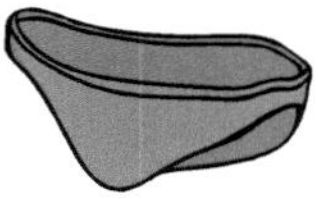

celana dalam
emabhuluko angephansi

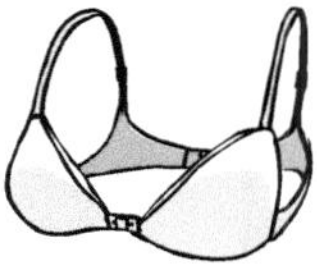

BH
ibhodi

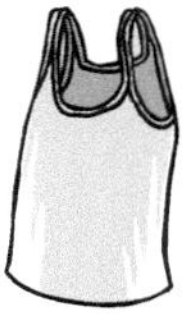

baju rompi
i-vest

pakaian - timphahla tekugcoka

body
umtimba

celana
emabhuluko

jeans
ibhokathi

rok
sikedi

blus
liblawosi

kemeja
liyembe

aket berkerudung
i-pullover

sweater
i-hoodie

jaket
libhantji

jaket
silamba

mantel
lijazi

jas hujan
lijazi lemvula

kostum
i-costume

gaun
lilogo

gaun pengantin
likogo lemshado

pakaian - timphahla tekugcoka

setelan resmi
isudi

gaun tidur
i-gown yasebusuku

piyama
emabhijamu

sari
i-sari

jilbab
sikafu

turban
i-turban

burka
i-burqa

kaftan
i-kaftan

abaya
i-abaya

pakaian renang
timphahla tekududa

celana renang
ema-anda

celana pendek
emabhuluko lamafishane

olah raga
i-treksudi

celemek
liphinifa

sarung tangan
emaglavu

pakaian - timphahla tekugcoka

kancing
inkinobho

kacamata
tibuko

gelang
buhlalu

kalung
umgaco

cincin
indandatho

anting
emacici

topi
likepisi

gantungan mantel
i-hanger yelijazi

topi
sigcoko

dasi
thayi

ritsleting
iziphu

helm
sivikelo senhloko

tali selempang
kwekusekela sitfo semtimba

seragam sekolah
timphahla tesikolwa

seragam
inyunifomu

pakaian - timphahla tekugcoka

oto
i-bib

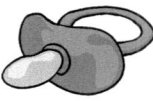
dot
i-dummy

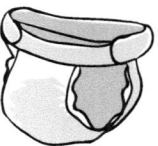
popok
linabukeli

kantor
lihhovisi

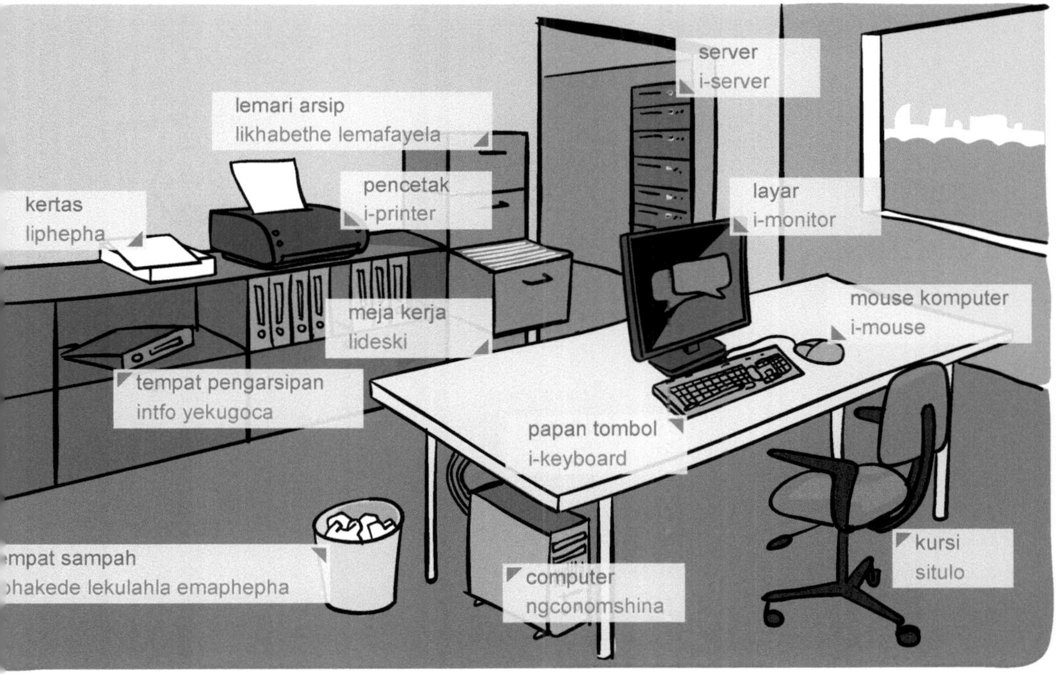

server
i-server

lemari arsip
likhabethe lemafayela

pencetak
i-printer

kertas
liphepha

layar
i-monitor

meja kerja
lideski

mouse komputer
i-mouse

tempat pengarsipan
intfo yekugoca

papan tombol
i-keyboard

mpat sampah
hakede lekulahla emaphepha

computer
ngconomshina

kursi
situlo

cangkir kopi
likomishi lelikofi

kalkulator
i-calculator

internet
i-inthanethi

laptop
i-laptop

surat
incwadzi

pesan
umlayeto

telepon seluler
i-mobile

jaringan
i-network

fotokopi
umshini wekwenta emakhophi

software
i-software

telepon
lucingo

plug soket
liplaliki lagesi

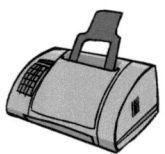

mesin fax
umshini wekufeksa

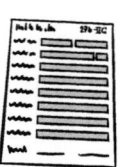

formulir
lifomu

dokumen
liphepha

kantor - lihhovisi

ekonomi
umnotfo

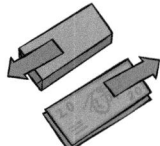
membeli
tsenga

membayar
bhadala

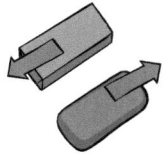
berdagang
beka imali

uang
imali

Dollar
li-dollar

Euro
li-euro

Yen
li-yen

Rubel
li-rouble

Franc Swiss
i-Swiss franc

Renminbi Yuan
i-renminbi yuan

Rupiah
i-rupee

ATM
umshini wemali

kantor pertukaran mata uang
i-bureau de change

emas
ligolide

perak
lisiliva

minyak
woyela

energi
emandla

harga
linani

kontrak
sivumelwano

pajak
umtselo

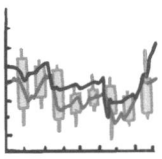

saham
sitoko

bekerja
sebenta

karyawan
sisebenti

majikan
umcashi

pabrik
ifemu

toko
sitolo

ekonomi - umnotfo

pekerjaan
tikhundla

petugas polisi
liphoyisa

pemadam kebakaran
umcimimlilo

pemasak
umpheki

dokter
dokotela

pilot
umshayeli wetindiza

tukan kebun
losebenta engadzini

tukang kayu
ummbati

penjahit wanita
umtfungi

hakim
mehluleli

ahli kimia
khemisi

aktor
umlingisi

sopir bis
umshayeli webhasi

sopir taksi
umshayeli wekhumbi

nelayan
umdvobi

pembantu
limedi

tukang atap
umfuleli

pelayan
waiter

pemburu
umtingeli

pelukis
mapendani

tukang roti
umbhaki

tukang listrik
gesana

pembangun
meselane

insinyur
sonjiniyela

tukang daging
umtsengisi wenyama

tukang ledeng
somaphayiphi

tukang pos
lohambisa liposi

pekerjaan - tikhundla

tentara
lisotja

arsitek
umdvwebi wemapulani

kasir
umtsengisi

penjual bunga
umtsengisi wetimbali

penata rambut
losebenta ngetinwele

konduktor
umbhidisi

montir
mekhenikha

kapten
kaputeni

dokter gigi
dokotela wematinyo

ilmuwan
sosayensi

rabbi
rabi

imam
imam

biarawan
monk

pendeta
umfundisi

pekerjaan - tikhundla

alat
emathulusi

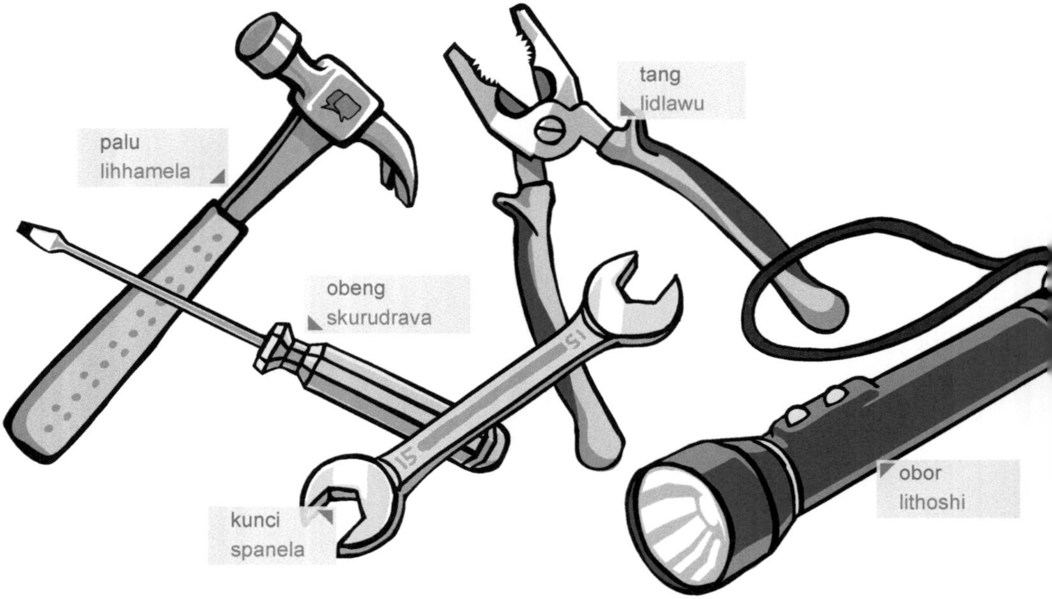

palu
lihhamela

tang
lidlawu

obeng
skurudrava

kunci
spanela

obor
lithoshi

penggali
lifosholo

tas perkakas
libhokisi lemathulusi

tangga
lilele

gergaji
lisaha

paku
tipikili

bor
umshini wekwenta timbobo

perbaikan
lungisa

sekop
lifosholo

Sialan!
i-Damni!

cikrak
lipani lekuwola tibi

pot cat
likani lapende

sekrup
tikruzi

alat musik
insimbi yemculo

pengeras suara
sipika lesikhulu

alat drum
ikhithi yemadramu

gitar
lugitali

bas
lugitali lolukhulu

trompet
i-trumpet

piano
i-piano

violin
ivayolini

bass
ibhesi

tambur
i-timpani

drum
emadramu

keyboard
i-keyboard

saksofon
i-saxohone

suling
ifluthi

mikrofon
umbhobho

alat musik - insimbi yemculo

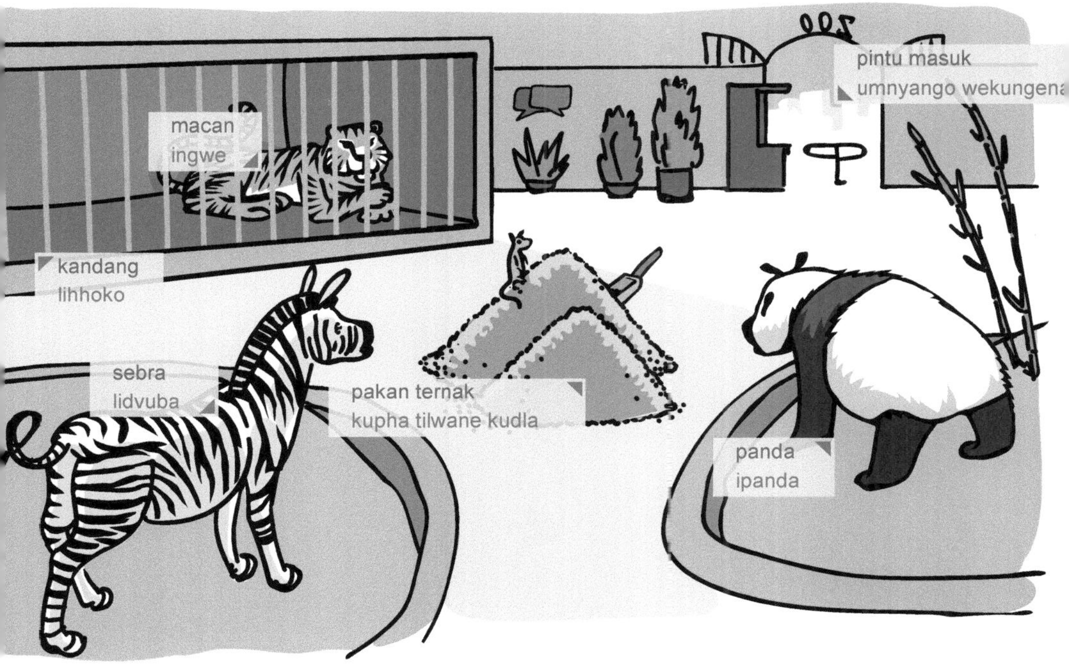

kebun binatang
i-zoo

- macan / ingwe
- kandang / lihhoko
- sebra / lidvuba
- pakan ternak / kupha tilwane kudla
- pintu masuk / umnyango wekungena
- panda / ipanda

hewan
tilwane

gajah
indlovu

kanguru
ikangaru

badak
bhejane

gorila
igorila

beruang
libhele

unta
likamela

burung unta
i-ostrishi

singa
libhubesi

monyet
imfene

flamingo
i-flamingo

burung beo
iparoti

beruang polar
libhele

penguin
iphejini

hiu
shaka

merak
iphigogo

ular
inyoka

buaya
ingwenya

penjaga kebun binatang
umgcini tilwane

segel
isili

jaguar
i-jaguar

kebun binatang - i-zoo

kuda poni
poni

macan tutul
ingwe

kuda nil
imvubu

jerapah
indlulamitsi

burung elang
lusweti

babi jantan
ingulube yesiganga

ikan
imfishi

kura-kura
lifundvu

anjing laut
i-warasi

rubah
jakalazi

kijang
inyamatane

kebun binatang - i-zoo

olahraga
temidlalo

aktivitas
imisebenti

meloncat / gcuma

memeluk / gona

ketawa / hleka

berjalan / hamba

menyanyi / hlabela

mengimpi / liphupho

berdoa / thantaza

mencium / cabuza

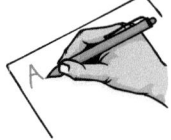

menulis
bhala

melukis
tsatsa

menunjuk
khombisa

mendorong
fuca

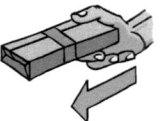

memberikan
nika

mengambil
tsatsa

aktivitas - imisebenti

mempunyai
tsatsa

melakukan
yenta

adalah
be

berdiri
sukuma

berlari
gijima

menarik
dvonsa

melempar
jika

jatuh
wani

tidur
cala emanga

menunggu
mani

membawa
tsatsa

duduk
hlala

berpakaian
yembatsa

tidur
lala

bangun
vuka

aktivitas - imisebenti

melihat
buka

menangis
khala

mengelus
shaya

menyisir
kama

berbicara
khuluma

mengerti
condza

menanyak
buta

mendengar
lalela

minum
natsa

makan
dlani

merapikan
gcogca

cinta
tsandza

memasak
pheka

menyetir
shayela

terbang
ndiza

aktivitas - imisebenti

berlayar
ntjuza

menghitung
bala

membaca
fundza

belajar
fundza

bekerja
sebenta

menikah
shada

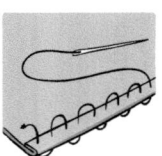
menjahit
tfunga

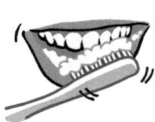
sikat gigi
kugeza ematinyo

membunuh
bulala

merokok
bhema

kirim
tfumela

aktivitas - imisebenti

keluarga
umndeni

tamu
sivakashi

bibi
anti

paman
malume

kakak laki
umnaketfu

kakak perempuan
sisi

badan
umtimba

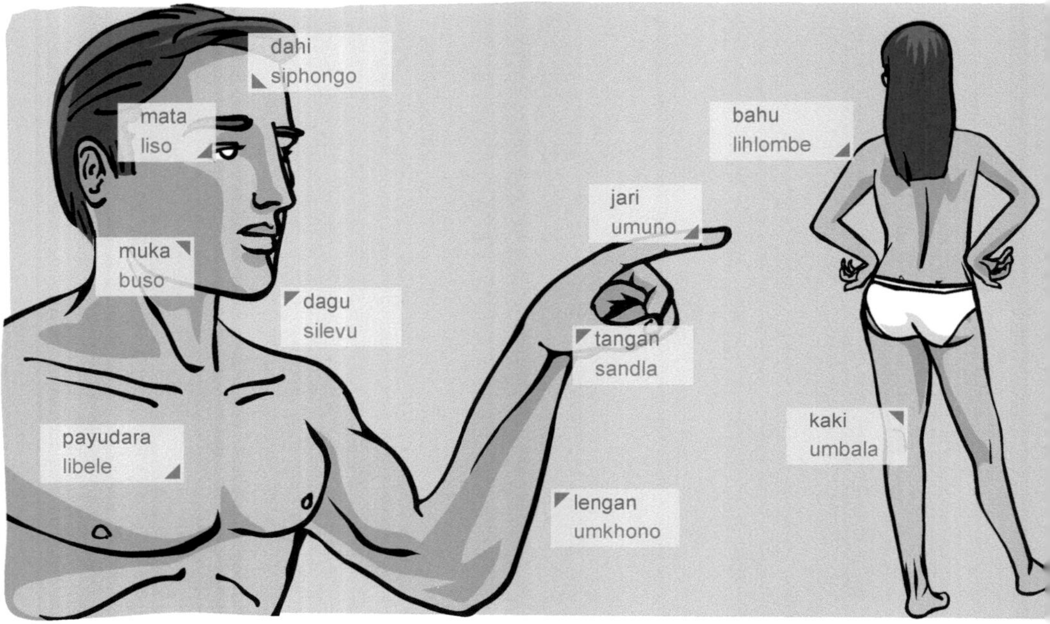

dahi
siphongo

mata
liso

bahu
lihlombe

jari
umuno

muka
buso

dagu
silevu

tangan
sandla

payudara
libele

kaki
umbala

lengan
umkhono

bayi

umntfwana

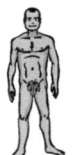

pria

indvodza

wanita

umfati

perempuan

intfombatane

laki

umfana

kepala

inhloko

badan - umtimba

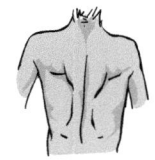

punggung
emuva

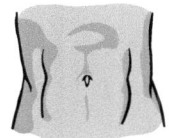

perut
umkhatjana

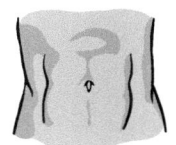

pusar
sibhono

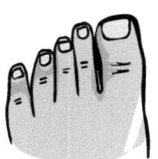

toe
luzwane

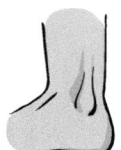

tumit
sitsendze

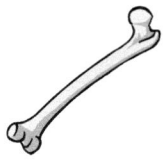

tulang
litsambo

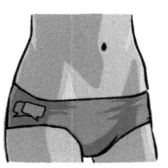

pinggang
litsanga

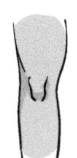

lutut
lidvolo

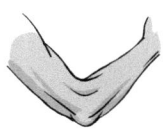

siku
ingcosa

hidung
imphumulo

pantat
entansi

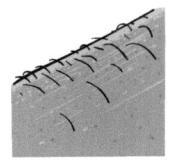

kulit
sikhumba

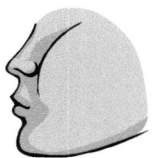

pipi
sihlatsi

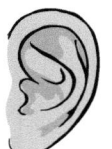

telinga
indlebe

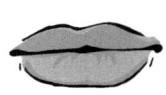

bibir
indzebe

badan - umtimba

mulut
umlomo

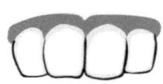

gigi
litinyo

lidah
lilimi

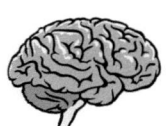

otak
bucopho

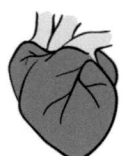

jantung
inhlitiyo

otot
umsipha

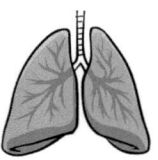

paru-paru
liphaphu

hati
sibindzi

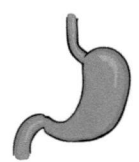

stomach
sisu

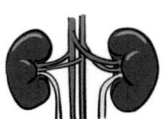

ginjal
tinso

hubungan seks
kulalana

kondom
lijazi lemkhwenyana

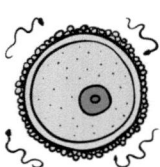

sel telur
licandza lentalo

sperma
sidvodza

kehamilan
kukhulelwa

badan - umtimba

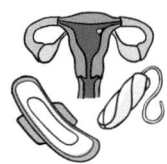

menstruasi
kuya esikhatsini

vagina
ligolo

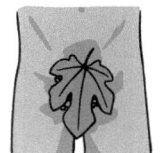

penis
umpipi

alis
inkhophe

rambut
lunwele

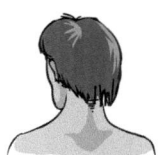

leher
intsamo

badan - umtimba

rumah sakit
sibhedlela

rumah sakit
sibhedlela

ambulans
i-ambulensi

kursi roda
situlo semasondvo

patah tulang
kwephuka kwelitsambo

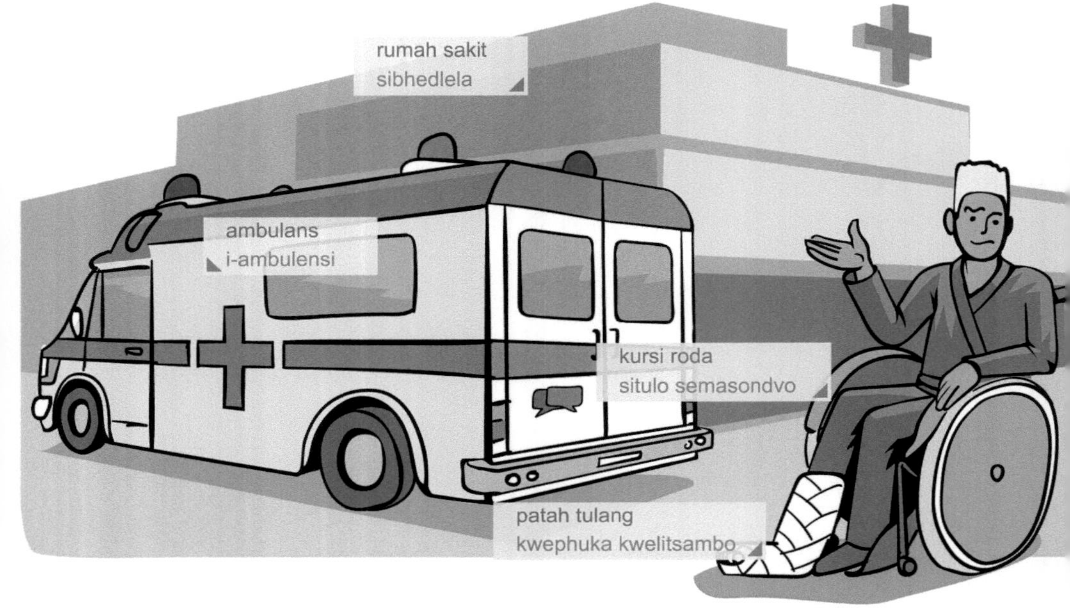

dokter
dokotela

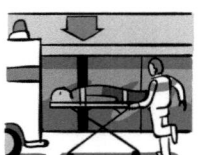

ruang darurat
ligumbi letimo letiphutfumako

perawat
nesi

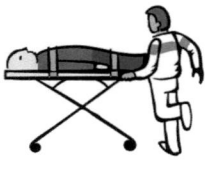

darurat
simo lesiphutfumako

semaput
kucaleka

sakit
buhlungu

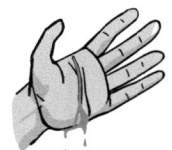
cedera
kulimala

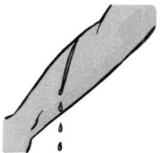
perdarahan
kopha

serangan jantung
kuhlaselwa sifo senhlitiyo

stroke
kufa luhlangotsi

alergi
i-aleji

batuk
kukhwehlela

demam
kushisa

flu
umkhuhlane

diare
kusheka

sakit kepala
kubulawa yinhloko

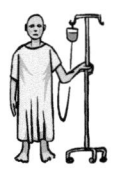
kanker
umdlavuza

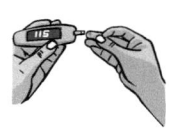
diabetes
kuba nashukela

ahli bedah
dokotela

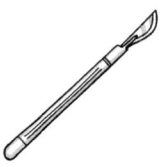
pisau bedah
umukhwa wekusika wabodokotela

operasi
kusikwa

rumah sakit - sibhedlela

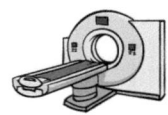
CT
i-CT

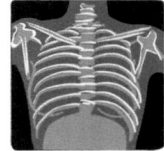
sinar x
i-x ray

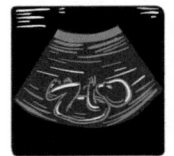
usg
umsindvo

topeng
sifonyo

penyakit
sifo

ruang tunggu
ligumbi lekulindza

penyokong
indvuku yekuhamba

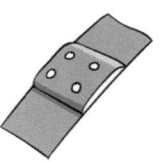
plester
i-plaster

perban
ibhandishi

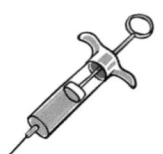
injeksi
umjovo

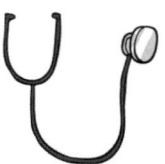
stetoskop
lithulusi labodokotela
lekulalela inhlitiyo

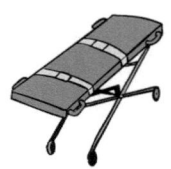
usungan
luhlaka

termometer klinis
kwekuhlola lizinga lemuntfu
lekushisa

kelahiran
kutalwa

kelebihan berat badan
kunona kakhulu

rumah sakit - sibhedlela

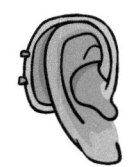
alat pendengar
tinsita tekuva etindlebeni

desinfektan
sibulali magciwane

infeksi
kwesuleleka ngesifo

virus
ligciwane

HIV / AIDS
i-HIV / AIDS

obat
umutsi

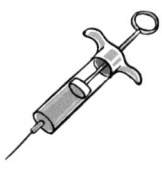
vaksinasi
kugoma

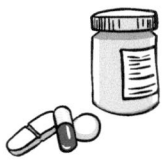
tablet
emaphilisi

pil
liphilisi

panggilan darurat
lucingo loluphutfumako

ukur tekanan darah
sicaphi semfutfo wengati

sakit / sehat
gula / umcemane

rumah sakit - sibhedlela

darurat
simo lesiphutfumako

Tolong!   alarm   penyerbuan
Lusito!   i-alamu   kuhlukumeta

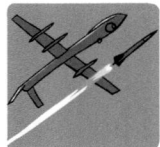

serangan   bahaya   pintu darurat
kuhlasela   ingoti   umnyango wekuphuma nakuphutfuma

Api!   alat pemadam kebakaran   kecelakaan
Umlilo   sicishamlilo   ingoti

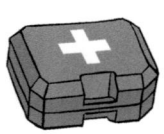

kit pertolongan pertama   SOS   polisi
ikhidi yelusito lwekucala   SOS   emaphoyisa

bumi
Umhlaba

Eropa

i-Europe

Amerika Utara

iNyakatfo YeMelika

Amerika Selatan

iNingizimu YeMelika

Afrika

i-Afrika

Asia

i-Asia

Australi

i-Australia

Atlantik

i-Atlantic

Pasifik

i-Pacific

Samudra India

i-Idian Ocean

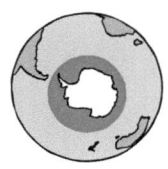

Samudra Antartika

i-Antarctic Ocean

Samudra Arktik

i-Arctic Ocean

kutub utara

Ligumbi laseNyakatfo

kutub selatan
Ligumbi laseNingizimu

Antarktika
iAntarctica

bumi
Umhlaba

tanah
indzawo

laut
lwandle

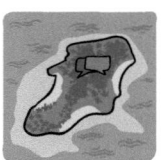
pulau
sichingi

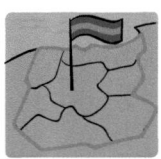
bangsa
sive

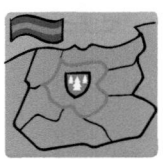
negara
umbuso

jam
liwashi

jam wajah
buso beliwashi

jarum pendek
li-awa

jarum menit
imizuzu

jarum detik
imizuzwana

Jam berapa?
sikhatsi sini nyalo?

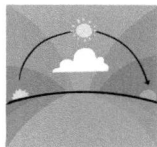

hari
lusuku

waktu
sikhatsi

sekarang
nyalo

jam digital
liwashi lesimanjemanje

menit
umzuzu

jam
li-awa

jam - liwashi

minggu
liviki

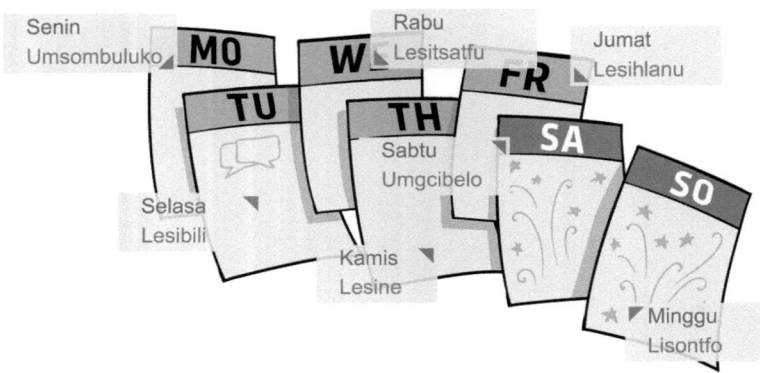

Senin — Umsombuluko
Selasa — Lesibili
Rabu — Lesitsatfu
Kamis — Lesine
Jumat — Lesihlanu
Sabtu — Umgcibelo
Minggu — Lisontfo

kemaren
itolo

hari ini
lamuhla

besok
kusasa

pagi
ekuseni

siang
emini

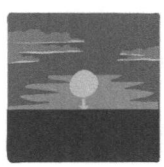

malam
entsambama

hari kerja
emalanga emsebenti

akhir minggu
imphelasontfo

tahun

umnyaka

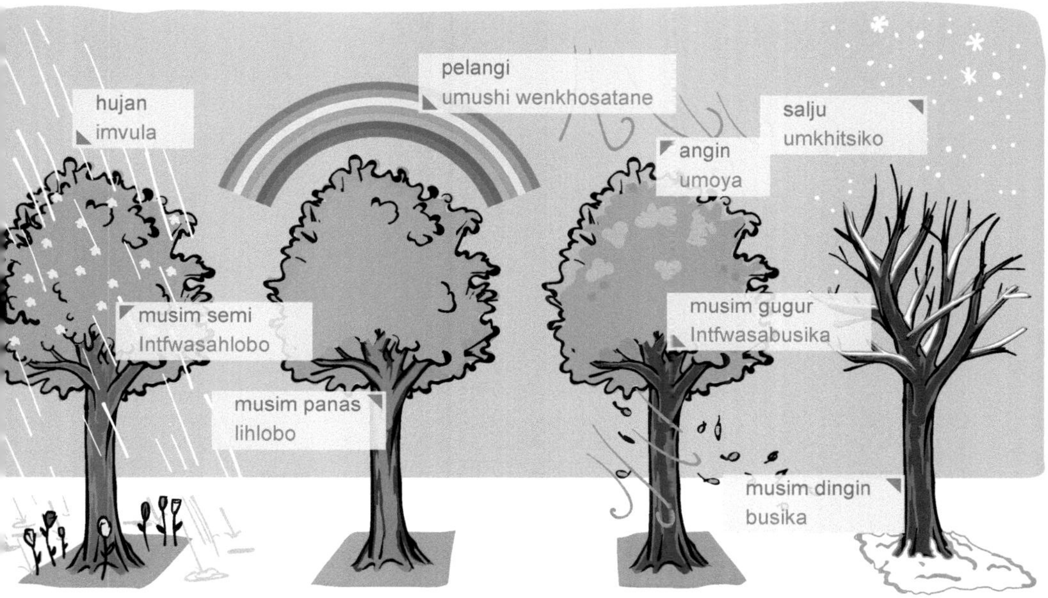

hujan
imvula
pelangi
umushi wenkhosatane
salju
umkhitsiko
angin
umoya
musim semi
Intfwasahlobo
musim gugur
Intfwasabusika
musim panas
lihlobo
musim dingin
busika

4.APRIL 11°
5.APRIL 4°
6.APRIL 13°
7.APRIL 8°
8.APRIL 10°

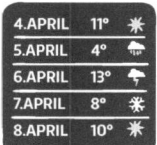

ramalan cuaca

simo selitulo

F
C
120
90
60
30
0
-30
40
30
20
10
0
-10
-20

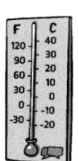

termometer

kwekuhlola lizinga lekushisa

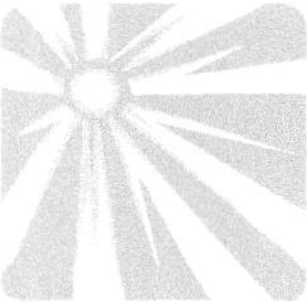

matahari

kubalela

awan

emafu

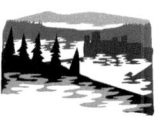

kabut

inkhungu

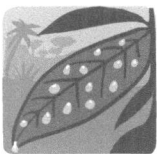

kelembahan

umswakamo

kilat
umbane

guntur
umbane

badai
kudvuma lobunebungoti

hujan es
sangcotfo

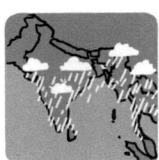

monsun
inyeti

banjir
tikhukhula

es
lichwa

Januari
Bhimbidvwane

Februari
Indlovana

Maret
Indlovulenkhulu

April
Mabasa

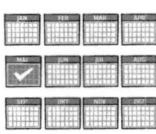

Mei
Inkhwenkhweti

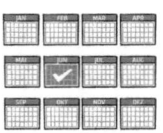

Juni
Inhlaba

Juli
Kholwane

Agustus
Ingci

tahun - umnyaka

September
Inyoni

Oktober
Imphala

November
Lweti

Desember
Ingongoni

bentuk
kubumbeka kwetintfo

lingkaran
indingiliza

persegi
sikwele

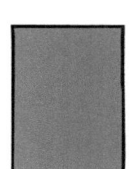
persegi panjang
umdvwebo lonetinhlangotsi letindze letilinganako

segi tiga
ncantsatfu

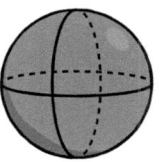
bola
i-sphere

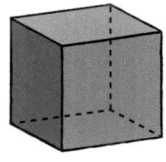
kubus
ikhiyubhu

warna-warna
imibala

putih
kumhlophe

kuning
phuti

oranye
sheli

pink
kupinki

merah
kubovu

ungu
kunsomi

biru
luhlata

hijau
luhlata njengetjani

coklat
loku-brown

abu-abu
mtfubi

hitam
mnyama

berlawanan
lokwehlukile

banyak / sedikit
kunyenti / kuncane

marah / tenang
kutfukutsela / kwehlisa umoya

cantik / jelek
buhle / bubi

mulaih / selesai
sicalo / siphetfo

besar / kecil
bukhulu / buncane

terang / gelap
kukhanya / bumnyama

saudara laki-laki / saudara perempuan
bhuti / sisi

bersih / kotor
kuhloba / kungcola

lengkap / tidak lengkap
kuphelela / kungapheleli

hari / malam
imi / busuku

mati / hidup
kufa / kuphila

luas / sempit
kubanti / kuncane

berlawanan - lokwehlukile

dapat dimakan / tidak dapat dimakan
....
lokudliwako / lokungadliwa

jahat / baik
....
inhlitiyo lembi / umusa

bersemangat / bosan
....
kutsakasa / kudvumala

gemuk / kurus
....
sidudla / umcondvo

pertama / terakhir
....
kwekucala / kwekugcina

teman / musuh
....
umngani / sitsa

penuh / kosong
....
kugcwala / kute lutfo

keras / lembut
....
kucina / kutsamba

berat / enteng
....
kusindza / kulula

lapar / haus
....
kulamba / koma

sakit / sehat
....
gula / umcemane

ilegal / legal
....
kungabi semtsetfweni / kuba semtsetfweni

cerdas / bodoh
....
kuhlakanipha / bulima

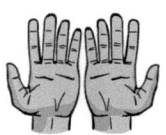

kiri / kanan
....
sencele / sekudla

dekat / jauh
....
dvutane / khashane

berlawanan - lokwehlukile

baru / bekas
lokusha / lokudzala

tidak ada apapun / sesuatu
kute lutfo / kunalokutsite

tua / muda
budzala / busha

nyala / mati
kuyasebenta / akusebenti

buka / tutup
kuvulekile / kuvalekile

tenang / keras
kuthula / umsindvo

kaya / miskin
kunjinga / kuphuya

benar / salah
kulungile / akukalungi

kasar / halus
kuyahhedla / kuyashelela

sedih / gembira
kuva buhlungu / kujabula

pendek / panjang
kufishane / kudze

pelan-pelan / cepat
kunwabuka / kushesha

basah / kering
kumanti / komile

hangat / sejuk
kufutfumele / kusivuvu

perang / damai
imphi / kuthula

berlawanan - lokwehlukile

angka-angka
tinombolo

0
nol
indilinga

1
satu
kunye

2
dua
kubili

3
tiga
kutsatfu

4
empat
kune

5
lima
sihlanu

6
enam
sitfupha

7
tujuh
sikhombisa

8
delapan
siphohlongo

9
sembilan
yimfica

10
sepuluh
lishumi

11
sebelas
lishumi nakunye

12
duabelas
lishumi nakubili

13
tigabelas
lishumi nakutsatfu

14
empatbelas
lishumi nakune

15
limabelas
lishumi nesihlanu

16
enambelas
lishumi nesitfupha

17
tujuhbelas
lishumi nesikhombisa

18
delapanbelas
lishumi nesiphohlongo

19
sembilanbelas
lishumi nemfica

20
duapuluh
emashumi lamabili

100
seratus
likhulu

1.000
seribu
inkhulungwane

1.000.000
juta
sigidzi

angka-angka - tinombolo

bahasa-bahasa
tilwimi

Inggris
Singisi

bahasa Inggris Amerika
Singisi saseMelika

bahasa Cina Mandarin
SiMandarini seseShayina

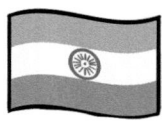

bahasa Hindi
SiHindi

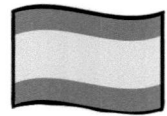

bahasa Spanyol
Sipanishi

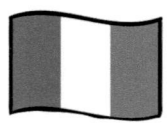

bahasa Perancis
SiFulentji

bahasa Arab
Si-Arabu

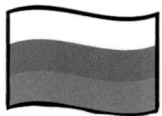

bahasa Rusia
SiRashiya

bahasa Portugis
SiPhuthukezi

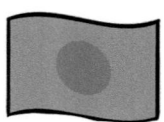

bahasa Bengal
SiBhengali

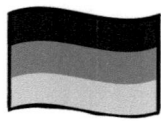

bahasa Jerman
SiJalimane

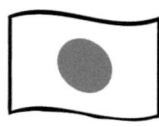

bahasa Jepang
SiJapane

siapa / apa / begaimana
ngubani / ini / njani

saya
Mine

kamu
wena

dia
yena / yona

kita
tsine

kalian
nine

mereka
bona

siapa?
bani?

apa?
ini?

begaimana?
njani?

dimana?
kuphi?

kapan?
nini?

nama
libito

dimana
kuphi

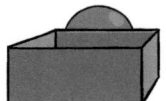
dibelakang
ngemuva

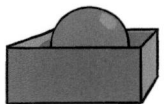
di
ekhatsi

didepan
embi kwe

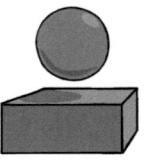
diatas
ngenhla

diatas
etulu

dibawah
ngephansi

sebelah
eceleni

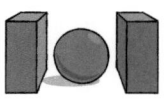
di antara
emkhatsini

tempat
indzawo